LES

LOCOMOTIVES

AGRICOLES

PAR

AD. VALLET

LUNÉVILLE

Imprimerie Chatelain & Cie

1874

LES

LOCOMOTIVES

AGRICOLES

PAR

AD. VALLET

LUNÉVILLE

Imprimerie Chatelain & Cie

—

1874

AVERTISSEMENT.

Il y a trois ans, la Société des *Amis* d'Angleterre a introduit le labourage à vapeur dans notre pays. Depuis cette introduction, il n'est point d'agriculteur qui n'ait donné quelque attention au nouveau mode de travailler la terre. Moi, comme tous ceux qui lui trouvaient de l'intérêt, j'ai prêté l'oreille à ce qu'on en a dit, et, de plus, j'ai pris des notes sur les problèmes mis en discussion et sur les questions qui s'y rattachaient plus ou moins directement.

Aujourd'hui qu'on fait le compte des succès et des revers, il semble se produire une recrudescence dans l'étude du labourage à vapeur, comme tend à le prouver l'envoi récent en Angleterre d'une députation d'agriculteurs pour se rendre compte des procédés qui y sont pratiqués. Je pense que c'est l'occasion de réunir au moins une partie des notes que j'ai prises, en les reliant entre elles de manière à en faire le corps d'un petit ouvrage qui puisse être soumis à des hommes compétents. Je n'invente rien, je collectionne des observations, des opinions et des faits. Mon œuvre est-elle utile? Le lecteur en jugera.

Ad. VALLET,

Entrepositaire de Machines agricoles,
rue des Bosquets, 12, *à Lunéville.*

LES LOCOMOTIVES AGRICOLES

Les machines à vapeur s'introduisent peu à peu dans la pratique agricole. Dans ce pays, nous en voyons déjà qui mettent en mouvement la charrue; nous en comptons aussi quelques-unes qui sont spécialement affectées au battage des céréales; mais lorsqu'on réfléchit à l'énorme consommation de travail mécanique que l'agriculture fait journellement, tant pour ses labours que pour ses charrois, on est étonné que la vapeur n'ait pas encore pris chez elle une place plus importante que celle que nous lui voyons.

La plupart des machines à vapeur susceptibles de déplacement que l'agriculture emploie actuellement sont des locomobiles, c'est-à-dire qu'une fois installées, elles fournissent leur travail sans pouvoir changer de place; quelques-unes seulement sont automotrices, ne fonctionnant la plupart du temps qu'à la manière des locomobiles. Ainsi, ces dernières peuvent bien traîner derrière elles une batteuse ou une charrue; mais, arrivées sur le terrain où elles doivent travailler, elles cessent complétement, ou presque complétement, de faire usage de leur puissance de locomotion. En effet, comment agissent-elles pour labourer?

On peut ranger en trois groupes principaux les divers engins de culture à vapeur maintenant en usage :

1° Il y a des appareils exigeant deux machines à vapeur se plaçant aux extrémités opposées du champ, et tirant alternativement, au moyen de câbles en fil d'acier, les opérateurs chargés de travailler la terre. Après chaque course de ces opérateurs, les machines se déplacent pour recommencer de nouveaux traits.

2° D'autres appareils ne comportent qu'une seule machine installée sur un côté de la pièce à labourer. Un câble enveloppe toute cette pièce, en se réfléchissant aux angles sur des poulies fixées par des ancres. Au moyen de treuils et de câbles, la vapeur fait marcher l'opérateur alternativement dans un sens, puis dans l'autre, sur un côté de la surface enveloppée. Jusqu'à la fin du labour, la machine reste fixe; mais après chaque course de l'instrument, on rétrécit le polygone formé par le câble, en déplaçant les poulies ancrées sur lesquelles il se réfléchit.

3° Un troisième appareil peut également fonctionner à l'aide d'une seule machine. Celle-ci se place à une extrémité du champ, tandis qu'en face, à l'autre extrémité, on installe un charriot-ancre portant une poulie de renvoi. Un câble métallique, allant d'un bout à l'autre de la pièce à cultiver, se réfléchit sur cette poulie, et entraîne l'opérateur dans le mouvement de va-et-vient qui lui est communiqué par le moteur. Après chaque course, la machine se déplace, comme dans le premier système, en même temps qu'un homme, préposé au chariot-ancre, le fait avancer parallèlement.

Je pense qu'il serait possible de donner aux machines à vapeur agricoles un caractère tel, que, dans les cultures, par exemple, elles puissent fonctionner, non plus seulement en tirant la charrue à l'aide de câbles très-longs montés sur tambours et poulies; mais en marchant immédiatement devant l'opérateur, herse, polysoc, etc.. comme un attelage ordinaire. C'est avec cette opinion que je me propose d'étudier, malgré mon peu de compétence, le problème des locomotives agricoles.

I.

Lorsqu'on a à exercer de grands efforts de traction, on multiplie les attelages; mais cette multiplication n'accroît pas la puissance proportionnellement au nombre des bêtes de somme, et quand un attelage se compose déjà de six ou huit bêtes, l'effet utile obtenu est très-loin d'augmenter selon le nombre d'animaux qu'on y ajoute.

C'est surtout lorsqu'il faut commencer la marche que les défauts d'un nombreux attelage se font sentir. Il est alors difficile de faire donner le coup de collier en même temps partout, et bien souvent, s'il y a un cheval rétif dans la bande, il gêne les autres plus qu'il ne les seconde.

Ces attelages nombreux sont en outre encombrants, exécutent difficilement les évolutions, et demandent pour se loger des écuries spacieuses.

Au moyen de la vapeur, on concentre dix chevaux et plus, dans un moteur qui n'occupe guère plus de place que deux chevaux nature. Avec elle, tout l'effort peut s'exercer d'un seul coup, comme si l'équipage qu'elle représente *prenait* avec ensemble, et à franc collier. Son travail journalier n'est pas nécessairement limité par la fatigue à un nombre d'heures aussi restreint que celui des animaux. Enfin, pour se remiser, elle n'exige pas de bâtiments aussi spacieux que des écuries; à la rigueur même, une bâche peut constituer dans bien des cas un abri suffisant. Le point le plus important est de régler les dimensions et l'allure du mécanisme qu'elle met en jeu, suivant la résistance qu'on veut lui faire surmonter.

Le travail mécanique se compose de deux éléments qu'on peut

faire varier indéfiniment, et en raison inverse l'un de l'autre : ces deux éléments sont l'effort et la vitesse. Ainsi un travail donné peut être utilisé à produire un grand effort avec peu de vitesse, ou beaucoup de vitesse avec un effort médiocre.

Un cheval, par exemple, peut traîner, en courant, une charge de 500 kilog. sur une bonne route, parce qu'alors la résistance à vaincre étant faible, son travail peut être dépensé à un transport rapide. Sur un chemin rude, il ne peut fournir le même travail qu'en allant aux pas ordinaires; enfin, sur un sol mou, il n'avance qu'à pas lents, quoiqne la charge reste la même. Dans ces derniers cas, l'effort à déployer croissant avec la résistance, la vitesse doit varier en sens inverse, pour que le travail reste le même, sans dépasser la puissance du cheval.

Il est toutefois des limites au-dessous desquelles on ne peut abaisser la vitesse des animaux, limites qui sont fixées par leurs caractères qui ne se prêtent pas toujours à des mouvements lents. Des chevaux de trait habitués, par exemple, à une allure suivant laquelle ils parcourent 1 mètre 20 par seconde, se plient difficilement à une allure trois fois plus lente avec charge 3 fois plus grande; ils tendent ordinairement, malgré l'accroissement de la charge, à reprendre leur allure naturelle, en se fatiguant outre mesure; quelquefois, ils se montrent rétifs et refusent le service.

Ici encore la vapeur, plus docile, a la supériorité en fournissant, à égalité de travail produit, des efforts capables d'entraîner lentement de très-grandes charges, pourvu que le mécanisme qu'elle fait mouvoir soit construit en prévision de ce résultat.

Une locomotive de chemin de fer n'éprouve, relativement à son poids, qu'une très-faible résistance à se mouvoir sur des rails et peut donner beaucoup de vitesse; mais une locomotive agricole, manœuvrant sur un terrain quelconque, qui en éprouve, à poids égal, 10, 20, 30 fois plus, ne peut surmonter cette résistance qu'en déployant un effort 10, 20, 30 fois plus grand, et en ne dépensant son travail (celui-ci étant égal de part et d'autre) qu'avec une vitesse 30, 20, 10 fois moindre.

Supposons, par exemple, qu'on ait un poids de 1000 kilogrammes à transporter. La résistance au roulement des roues, occasionné par ces 1000 kilogrammes ne sera que de 4 kilogrammes sur des rails, tandis que, sur une bonne route, elle sera 6 fois plus grande et s'élèvera à 24 kilog.; par conséquent le même travail mécanique, étant appliqué dans l'un et l'autre cas, ne pourra être exploité sur une bonne route qu'avec une vitesse 6 fois moindre que sur un chemin de fer. La différence deviendra plus grande encore si, au lieu de comparer la résistance des rails à celle d'une bonne route, on la compare à celle d'un chemin rural; elle deviendra énorme si on fait la comparaison avec celle d'un sol à l'état naturel.

On peut juger, par les observations qui précèdent, que si des conducteurs inintelligents s'obstinaient à demander beaucoup de vitesse à une routière qui ne se trouverait pas dans d'excellentes conditions de viabilité, il arriverait très-rapidement un moment où tout son travail serait dépensé pour son propre transport, sans qu'il en restât pour produire un effet utile.

Pour fournir une traction utile, il faut qu'une locomotive ne dépense pour son propre déplacement qu'une fraction de son travail et comme on a peu d'action pour diminuer la résistance qu'elle éprouve du côté du sol, ce n'est qu'en réglant sa vitesse qu'on peut limiter la dépense du travail que son propre transport exige à chaque instant, et rendre ainsi disponible, pour la traction, une partie plus ou moins importante de tout celui qu'elle produit. Voici une supposition qui achèvera de faire comprendre ce que je veux dire.

Si une locomotive, développant un travail de 8 chevaux, ou 600 kilogrammètres, éprouve pour marcher sans charge, sur un sol donné, une résistance de 200 kilog., elle dépense la totalité de son travail à la vitesse de 3 mètres par seconde, sans en rien laisser de disponible pour exercer une traction. Si dans le même temps elle ne parcourt qu'un mètre, elle ne consomme plus que 200 kilogrammètres, ou 1/3 de son travail total, en sorte qu'il en reste 400 kilogrammètres ou 2/3, qu'on peut utiliser. Règle-t-on la vitesse à 50 centimètres seulement, la consommation du travail nuisible, faite pour le transport de la machine, n'est plus que de 100 kilogrammètres ou 1/6 de la totalité du travail qu'elle produit; les 5/6 sont alors disponibles pour l'exploitation.

Le problème que j'aborde en ce moment n'intéresse pas seulement l'agriculture. L'industrie bénéficierait aussi, dans une large mesure, de l'application de puissants moteurs, capables de circuler facilement dans des conditions accidentées de viabilité, comme le fait ressortir l'exemple suivant.

J'ai entendu dire un jour qu'une usine avait fait venir dans ses ateliers une table en fonte d'un tel poids qu'il avait fallu une vingtaine de chevaux pour la mener. Une locomotive de 15 chevaux l'eût fait plus commodément, à la condition qu'on en eût réglé la marche d'après l'effort qu'elle aurait eu à produire; car de même qu'avec le cric un homme, en accumulant ses efforts, peut développer une puissance énorme, s'exerçant plus ou moins lentement, la vapeur, en agissant sur des organes convenablement combinés, peut exercer une traction qu'il serait difficile, sinon impossible, d'obtenir d'animaux réunis en un seul attelage et tirant directement.

II.

Les personnes qui ont visité l'exposition universelle de 1867 se souviennent peut-être de ces puissantes machines anglaises qui étaient cantonnées à l'île de Billancourt. Ce ne sont pas elles cependant qui ont le plus attiré mon attention. J'ai rencontré, près du palais du Champ-de-Mars, deux locomotives dont le voisinage invitait tout esprit tant soit peu observateur à établir entre elles une comparaison : l'une était exposée par M. Lotz, de Nantes, et l'autre par M. Larmaujat, de Paris.

La première, celle de M. Lotz, portait un long câble en fil de fer enroulé sur deux tambours et relié à un bisoc double placé à côté d'elle. Elle pouvait donc fonctionner comme routière; mais à la culture, elle opérait comme les lourdes machines anglaises, c'est-à-dire qu'elle tirait et renvoyait la charrue d'un bout du champ à l'autre, au moyen d'appareils plus ou moins compliqués. Du reste, maintenue au repos, elle ne faisait pas voir ce dont elle était capable.

La locomotive de M. Larmaujat était une petite routière qui semblait jouer, en courant le long des allées sinueuses du parc. Un instant, elle fit devant moi une station dont je profitai pour questionner ses deux conducteurs qui me répondirent quelques mots, en me remettant une carte; puis, tout-à-coup, comme une enfant volage, la machine reprit sa course. Depuis cette époque, son souvenir ne s'est pas effacé de ma mémoire; aussi ai-je essayé d'en calculer la puissance d'une manière plus ou moins hasardée, avec le peu de notions que je possédais sur son compte; cherchant à estimer son poids, la résistance au roulement qu'elle devait éprouver, selon le diamètre de ses roues et la nature du sol, je suis arrivé, en définitive, à penser que cette locomotive aurait très-facilement remorqué, dans les champs, une de nos charrues ordinaires, si ses organes de transmission de mouvement eussent été tels, qu'on ait pu lui faire prendre une allure plus modérée.

Si j'avais été assez riche pour sacrifier quelques milliers de francs à une expérience, j'aurais peut-être acheté cette petite machine qui coûtait de 7000 à 8000 francs, pour faire des études en vue de la traction directe des instruments aratoires. Ma bourse ne me permettant pas de pareils sacrifices, je me suis borné à me donner une petite satisfaction d'un autre côté en achetant une moissonneuse; mais depuis 1867, j'ai, et je conserve l'opinion que je développe aujourd'hui, à savoir qu'il serait possible de créer des locomotives agricoles à traction directe.

Avant d'aller plus loin, il est nécessaire de se faire une idée de la résistance que le sol, selon sa nature, peut opposer au roulement d'une voiture.

Les ouvrages de mécanique donnent sur le tirage des voitures, des résultats d'expériences faites au dynamomètre dans différentes conditions. Jugeant par analogie sur ces données, je chercherai quel devra être approximativement la résistance de roulement éprouvée par une locomotive agricole, portée sur des roues de mêmes dimensions que celles d'un gros chariot; j'établirai des chiffres qui n'auront pas la prétention d'être d'une exactitude absolue, mais exprimeront à peu près la vérité, pour les principales circonstances de la pratique.

Sur un bon pavé, le tirage d'une voiture peut diminuer jusqu'à n'être que de 1/100 de son poids.

Sur une route sèche et en très-bon état d'entretien, cette résistance sera d'environ 1/50.

Elle sera de 1/40 sur une route ordinaire non fortement mouillée par la pluie.

Sur une route ordinaire, mais ayant de la boue à la surface, ou bien sur une route couverte d'un peu de poussière mélangée de graviers, la résistance peut s'élever à 1/35 du poids.

Sur un sol à l'état naturel, mais sec et ferme, le rapport de la résistance au poids sera d'environ 1/25.

Il atteindra 1/10 sur une terre arable possédant assez de moiteur pour être propre à subir l'action de la charrue.

Sur un terrain mou ou détrempé par des pluies abondantes, le tirage pourra atteindre et dépasser même 1/6 du poids.

J'examinerai d'abord le cas d'un transport d'une charge plus ou moins considérable sur les voies ordinaires de communication, où la résistance au roulement varie généralement de 1/25 à 1/50 du poids mis en mouvement; j'aborderai séparément le cas de petite vitesse et celui de grande vitesse; puis je m'occuperai de la question de la marche sur une terre arable.

Je supposerai, pour calculer le travail nuisible que consommerait une locomotive agricole pour son propre transport sur une terre arable, que le tirage auquel elle donnerait lieu serait moyennement de 1/8 de son propre poids, en terrain horizontal et prêt à subir la culture. De plus, la supposant attelée à un polysoc, je compterai la résistance du travail utile à 300 kilog. pour chaque soc, celui-ci traçant un sillon de 30 centimètres de longueur et de 15 à 20 centimètres de profondeur, sur un sol de consistance ordinaire. Il est certainement entendu que le moteur pourra être attelé à une foule d'instruments autres que la charrue; il pourra remorquer des rouleaux, des herses, des scarificateurs, etc., mais je me bornerai à des calculs sur son application possible à la traction des charrues.

III.

Sans m'engager dans des élucubrations contestables, je vais examiner rapidement les ressources que nous fournit dès maintenant la mécanique, en fait de locomotion à traction directe, en dehors de la voie d'un chemin de fer, en prenant un exemple dans la pratique.

Les *Annales du Génie civil*, dans leur livraison du mois de juillet dernier, ont donné le résumé d'une étude faite sur une locomotive routière sortant des ateliers de la maison Fowler de Leeds (Angleterre), et appartenant à un industriel de Prentzlaw (1), la première qui ait paru en Prusse.

Après avoir discuté l'article des Annales du génie civil, j'ai tout lieu de croire que les mesures de poids sont exprimées en livres de Prusse ou de Cologne, de 467 grammes à la livre, et celles de chemins parcourus en milles allemands de 7498 mètres le mille, toutes mesures que j'ai traduites en mesures françaises.

S'il y avait erreur de ma part, si la machine n'était pas capable de fonctionner dans les conditions que je lui attribue, mon erreur ne serait pas une cause de condamnation pour l'ensemble de ce présent travail, qui ne serait altéré par là qu'en quelque point de détail sans grande importance; car il est possible de réaliser à peu près ces conditions. Si, par exemple, après que j'aurai avancé que la routière en question, qui est de 8 chevaux, pourvue de combustible et d'eau pour marcher pendant une heure, doit peser 5000 kilog., soit 625 kilog. par cheval, si, dis-je, un contradicteur venait démontrer qu'elle pèse davantage, sa démonstration n'aurait de valeur sérieuse qu'autant qu'elle signalerait une erreur grave de ma part; et elle perdrait même toute valeur, dès lors que la mécanique pourrait livrer des machines, quelqu'en soit le type, ne pesant pas plus de 625 kilogrammes par cheval vapeur. Ma conviction est qu'on arriverait facilement à ce résultat, en employant des générateurs encore peu répandus, dits inexplosibles (2).

Si, avec un moteur de 8 chevaux, on peut avoir le cheval à raison de 625 kilogrammes, à plus forte raison parviendra-t-on à l'obtenir sans dépasser ce poids, en faisant usage de moteurs de 12, 15 ou 20 chevaux; car le poids des machines est loin de s'accroître proportionnellement au travail qu'elles sont appelées à produire. En veut-on un exemple? Je le prends dans le catalogue de la maison Belleville qui construit de ces moteurs à la fois légers et puissants, à générateurs inexplosibles.

Une machine de 8 chevaux transportable, mais non montée sur roues, pèse, d'après ce catalogue, 2000 kilog., soit 250 kilog. par cheval. Une machine plus puissante de moitié, c'est-à-dire de 12 chevaux, ne pèse en plus que le quart d'une machine de 8 chevaux, c'est-à-dire que son poids n'atteint que 2500 kilog., soit, en nombre rond. 210 kilog. par cheval.

On peut juger, d'après ce qui précède, que les machines les plus puissantes seront celles qui effectueront la traction au meilleur

---

(1) Prentzlaw (Prusse); 10000 habitants, la plupart descendant de protestants français réfugiés. (Bouillet. — Dictionnaire d'histoire et de géographie).

(2) A vrai dire, il n'est point de générateurs inexplosibles, si l'on prend ce dernier mot dans un sens absolu; ce mot s'applique à des chaudières avec lesquelles une rupture est beaucoup moins dangereuse qu'avec les chaudières ordinairement employées jusqu'ici.

marché, dès lors qu'elles trouveront dans une exploitation l'utilisation de toute leur puissance.

D'abord, comme l'établissent les prospectus, elles coûteront proportionnellement moins cher d'acquisition, d'amortissement, d'intérêts; le cheval vapeur pesant un moindre poids, n'exigera pour son propre transport qu'une moindre consommation de travail, consommation prélevée sur le travail total qu'il produit. Enfin le même personnel préposé à la conduite d'une petite machine sera suffisant, dans la plupart des cas, pour la conduite d'une plus forte. En me bornant à étudier le travail d'une machine de 8 chevaux seulement, comme je vais le faire, je ne me place donc pas dans les conditions les plus favorables qu'on puisse rencontrer, puisqu'il est évident qu'une machine de 12, 15 ou 20 chevaux produira l'unité de travail, le kilogrammètre ou la tonne kilomètre, dans des conditions plus économiques, tant au point de vue financier qu'au point de vue mécanique. Cela dit, je reviens à la routière de Prentzlaw.

Cette locomotive, d'une force nominale de 8 chevaux, pèse vide 4200 kilog. J'estime que pourvue d'eau et de charbon pour marcher pendant une heure, montée en outre par deux conducteurs, elle doit peser environ 5000 kilog. en nombre rond ou 625 kilog. par cheval.

Elle remorque facilement, sur une route horizontale, des voitures attelées en convoi et pesant ensemble avec leurs charges 23000 kilog.; mais comme les routes qu'elle fréquente présentent des rampes d'environ 0,05 par mètre, on ne lui fait remorquer que 14000 kilogrammes.

Dans ces conditions de chargement et de route, quelle peut être la vitesse de locomotion, en admettant que le travail réellement produit par la machine corresponde à sa puissance nominale, c'est-à-dire, soit celui de 8 chevaux (1).

Lorsque la charge remorquée est de 23000 kilog., le train entier avec sa locomotive pèse 28000 kilog. En admettant que ce train se déplace horizontalement dans de bonnes conditions de route, la résistance à son déplacement est d'environ 1/40 de son poids ou 700 kilogrammes. Les 8 chevaux de la machine produisant 600 kilogrammètres peuvent, avec une transmission convenable, opérer cette traction en imprimant une vitesse de 86 centimètres par seconde, correspondant approximativement à un parcours de 3 kilomètres à l'heure.

Dans le cas où le poids remorqué n'est que de 14,000 kilog., celui du train entier n'étant alors que de 19000 kilog., la résistance à 1/40 sur un plan horizontal devient 475 kilog. et peut être

(1) Il ne faut pas oublier que, dans la pratique une machine bien tenue et conduite avec intelligence peut dépasser, même de beaucoup, sa force nominale.

surmontée avec une vitesse de locomotion de 1 mètre 26 par seconde ou de 4500 mètres à l'heure, si les organes de transmission du travail de la vapeur se prêtent à cette vitesse.

Dans le cas où il faut gravir une rampe de 5 centimètres par mètre avec un convoi de 19000 kilog., au travail nécessité pour surmonter la résistance au roulement de la machine et des voitures s'ajoute le travail nécessaire pour les élever à une hauteur de 5 centimètres par mètre de chemin parcouru. La résistance de roulement étant encore à très-peu près de 1/40 du poids mis en mouvement ou 475 kilog., exige par mètre courant un travail de 475 kilogrammètres. D'un autre côté, l'élévation de 19000 kilog. à 5 centimètres de hauteur absorbe dans la même circonstance un travail de 950 kilogrammètres. Il résulte de là que le travail total à produire pour faire avancer le convoi d'un mètre est de 475 plus 950, soit 1425 kilogrammètres. Les 8 chevaux à vapeur ne fournissant par seconde que 600 kilogrammètres, ou les 42 centièmes de la quantité nécesssire pour faire parcourir un mètre, ne peuvent dans cet intervalle de temps, entraîner le convoi qu'avec une vitesse de 42 centimètres, soit 1500 mètres par heure.

Mécaniquement, le problème des locomotives employées à une traction lente mais énergique sur les routes est résolu d'une manière passable, comme le prouvent les applications qui ont lieu dès maintenant en divers endroits. Quant au point de vue financier, la solution de ce même problème paraît assez satisfaisante, tant qu'on exploite le travail de la vapeur à petite vitesse, pour produire de grands efforts. Ce qui suit fera voir que dans ces conditions, et à prix égal de l'unité de travail, la vapeur peut rivaliser avec les moteurs animés.

Nous avons vu que la locomotive de 8 chevaux, pesant 5000 kilog., était capable de remorquer 23000 kilog. en plaine; mais que, à cause des ondulations du sol, on n'attelait à sa suite que 14000 kilogrammes. Le convoi entier pesant alors 19000 kilog., la machine pèse un peu plus du quart du poids total, et absorbe à elle seule les 5/19 du travail de la vapeur, de sorte que, sur 600 kilogrammètres produits, le travail nuisible occasionné par la translation de la locomotive en comporte 157, et qu'il n'en reste que 443 pour la traction du train remorqué. En supposant qu'un mécanicien parvienne à faire produire à sa machine le travail de 8 chevaux vapeur d'une manière constante, ces 443 kilogrammètres n'équivaudraient qu'au travail de 8 chevaux nature d'une force ordinaire, donnant chacun 55 kilogrammètres par seconde.

Une journée de travail de 8 chevaux de trait attelés en plusieurs groupes, en comprenant tous les frais d'amortissement, d'intérêt, d'entretien, de conduite, etc., coûte la somme de 40 francs ou 5 francs par cheval, et comporte une durée de 9 heures, pendant laquelle chaque cheval fournit 1782000 kilogrammètres, à raison de 55 kilogrammètres par seconde, et cela pendant 200 jours de l'année. Dans ces conditions, on trouve 2 fr. 80 pour prix de revient d'un million de kilogrammètres, ou de ce qu'on peut appeler une tonne kilomètre, équivalant à une traction de 1000 kilog. exercée sur un parcours de 1000 mètres.

Il ne faut pas perdre de vue que, dans ce qui précède, j'ai supposé les 8 chevaux partagés en plusieurs attelages marchant séparément. Si au lieu d'être réparti par groupes, ils étaient réunis pour agir tous ensemble sur une seule masse indivisible, par exemple sur un bloc de pierre de 5000 kilog., ils ne rendraient plus la même quantité de travail, car la traction des moteurs animés n'est pas proportionnée au nombre de têtes réunies. Des chevaux qui pourraient rendre, par exemple, chacun 55 kilogrammètres s'ils étaient attelés par petits groupes, ne rendent plus que 50 kilogrammètres, et moins encore, s'ils font partie d'un attelage nombreux. D'une discussion que M. de Gasparin produit dans le 3e volume de son traité d'agriculture, il apparaît même que dans la pratique des charrois observés aux balances publiques, dès qu'un attelage se compose de 8 chevaux, chaque cheval ne rend pas en travail utile de traction moitié de ce qu'il rendrait, s'il étai attelé isolément.

Il résulte donc des données que je viens d'exposer que, lorsque une charge indivisible nécessite absolument le concours d'un grand nombre de chevaux, le prix de revient de 2 fr. 80 que nous avons trouvé précédemment pour le travail d'un million de kilogrammètres exécutés par des attelages restreints, est dépassé, et que l'unité de travail n'est même donné qu'à des conditions beaucoup plus onéreuses que celles que nous avons exprimées en chiffres.

Cherchons maintenant ce que doit coûter le travail utile d'une locomotive, en supposant qu'elle ne fonctionne que pendant le même temps que l'attelage dont il vient d'être question, c'est-à-dire pendant 200 jours de 9 heures chacun.

La locomotive allemande de 8 chevaux a coûté, rendue, la somme de 15375 fr. Voici, approximativement, quelle serait chez nous la dépense journalière d'une machine analogue, construite conformément à ma manière de voir, coûtant, suivant mes prévisions, à son propriétaire 10000 francs en nombre rond, et faisant un service effectif de 9 heures pendant 200 jours de l'année.

20 pour cent du prix de revient du moteur pour amortissement, réparations, intérêt, etc., soit 2000 francs à répartir entre 200 jours, ce qui donne par jour........................	10	»
Combustible : 380 kilog. de houille à 48 fr. les mille kil.	18	25
Graissage....................................	3	50
Salaires......................................	10	»
Imprévu : 5 pour cent des frais ci-dessous..........	2	10
Total.......	43	85

Le prix de revient du travail de 8 chevaux vapeur fonctionnant pendant 9 heures serait donc de 43 fr. 85, soit 5 fr. 47 par cheval.

Le cheval vapeur coûterait, comme on le voit, 0,47 de plus que le cheval-nature; mais il est plus puissant parce qu'il est de 75 kilogrammètres; tandis que le second n'est que de 55 kilogrammètres. Si sa puissance était utilisée sans déchet, il donnerait en 9 heures, pour 5 fr. 47, la quantité de 2430000 kilogrammètres, ce qui ferait ressortir le million de kilogrammètres à 2 fr. 25, ou à 55 cent. meilleur marché qu'avec le cheval de trait. Mais les 75 kilogrammètres ne peuvent être employés totalement à la traction utile; la machine en prélève une partie pour son propre transport, comme nous l'avons déjà fait comprendre dans des exemples précédents, notamment dans celui où nous avons considéré un train de 19000 kilog., comprenont un moteur de 5000 kilogrammes. Dans cet exemple le déchet était assez considérable, puisqu'il constituait les 5/9 du travail total, et que sur 75 kilogrammètres 55 seulement étaient appliquées à la traction. Le travail utile de chaque cheval vapeur, n'étant en réalité, dans ce cas, que de 55 kilogrammètres par seconde, n'arrivait en somme, après 9 heures, qu'au chiffre de 1782000 kilogrammètres pour le prix de 5 fr. 47, ce qui faisait ressortir le million de kilogrammètres à 3 fr. 07, soit 27 cent., ou à peu près 10 pour cent en plus qu'avec les attelages de chevaux ordinaires.

En présence de ces derniers chiffres, on est porté à condamner l'emploi de la vapeur, surtout pour la traction directe. Cependant, en examinant les choses de plus près, on s'aperçoit que le prix de revient de son travail peut être notablement abaissé et cela par plusieurs moyens, comme je vais chercher à le démontrer.

Un premier moyen consiste à augmenter la charge en diminuant la vitesse en conséquence. Dans cet ordre d'idées, et pour réaliser une économie, je n'agirais pas, si j'étais propriétaire de machine, comme l'industriel de Preutzlaw, dont la locomotive est capable de remorquer 23000 kilog. en plaine, mais qui n'attache à sa suite que 14000 kilog., à cause des rampes qu'elle doit gravir. Au lieu d'alléger le convoi, je préférerais le maintenir à 23000 kilog.; mais j'adopterais des organes de transmission de mouvement tels qu'on puisse obtenir à volonté des vitesses différentes, comme dans une foule de machines, on obtient des modifications de vitesse par de simples changements de poulies ou d'engrenages.

Le train entier étant ainsi ramené au poids de 28000 kilog., la résistance, à 1/40 de son poids, serait en plaine de 700 kilog., et la vapeur la surmonterait avec une vitesse de 0^{m} 86 par seconde, comme nous l'avons déjà établi.

En recommençant des calculs analogues à ceux que nous avons déjà faits, on trouverait que le travail exigé par mètre de chemin parcouru sur une rampe de 0^{m} 05, s'élèverait à 2100 kilogrammètres. Le travail de 600 kilogrammètres fourni par la machine et par seconde, n'étant que 0,29 de cette quantité, le train ne pourrait avancer en montant cette rampe, que de 0^{m} 29 par seconde.

Dans de semblables conditions de marche, les transports s'effectueraient nécessairement avec beaucoup de lenteur; mais ils comporteraient de grandes masses; en même temps le prix du travail s'abaisserait. Il est facile de comprendre la production de ce dernier résultat, en considérant que la locomotive, au lieu de peser 5/19 ou un peu plus du quart du poids du train entier, ne peserait plus que 5/28, ou moins de 1/5 du poids total; la fraction de travail qu'elle prélevera pour son déplacement sera moindre nécessairement, Dans le premier cas en effet, sur 600 kilogrammètres développés par seconde, la locomotive en consommera 158 pour elle-même, tandis que dans le second, elle n'en consommera que 107, d'où une économie de 51 kilogrammètres réalisée à chaque seconde, par l'adoption d'une vitesse plus faible, économie qui augmente d'autant le travail utile disponible.

Enfin si, pour chaque cheval vapeur, on fait la part du travail nuisible et celle du travail utile, on trouve que, dans le cas où le travail nuisible n'est que 5/28 du travail total, il est pour un cheval de 13 kilogrammètres, de sorte que ce cheval, sur 75 kilogrammètres produits, en donne réellement 62 en travail utile de traction au lieu de 55, comme dans l'autre cas. Ces 62 kilogrammètres, accumulés pendant 9 heures, constituent une somme de travail utile de 2008000 kilogrammètres, lesquels en définitive, étant obtenus pour le prix de 5 fr. 47, reviennent à 2 fr. 72 par million de kilogrammètres. Ici, une différence de 0 fr. 08 entre la dépense en argent occasionnée par les machines et celle que nécessitent les chevaux, et cette différence est en faveur de la machine.

Le prix de revient du travail utile du cheval vapeur peut encore être abaissé par l'emploi de locomotives plus puissantes, toutes les fois que l'exploitation donnera des débouchés suffisants à l'exercice de leur puissance. Avec une locomotive de 12, 15 ou 20 chevaux, le cheval vapeur, au lieu de peser 625 kilog. comme avec celle de 8 chevaux à laquelle nous nous sommes arrêtés jusqu'à présent, ne pesera que 550, 500 kilog. et peut-être moins encore, et par conséquent prélèvera, pour son propre transport, une moindre quantité de travail, toutes autres conditions égales d'ailleurs. La réduction de dépense qui aura lieu de ce chef sera faible, il est vrai, mais elle n'en concourra pas moins, avec d'autres réductions, à abaisser le prix de l'unité de travail.

L'emploi de puissantes machines peut encore amener d'un autre côté un léger abaissement des frais de traction. En effet, le prix d'acquisition, de même que le poids, ne varie pas en proportion de la puissance des machines; un moteur de seize chevaux, par exemple, est loin de coûter deux fois autant qu'un de huit, et par suite les frais d'amortissement, d'intérêt, etc., sont loin d'être le double de ceux qui grèvent cette dernière.

En définitive la comparaison du travail des moteurs animés à celui de la vapeur conduit à ce résultat curieux que le prix de revient du premier augmente plus rapidement que la force motrice développée par les attelages, tandis qu'à l'inverse, ce prix s'abaisse pour le second, à mesure qu'on augmente la puissance des machines.

On entrevoit par cette étude que le prix de revient du travail utile de la vapeur fait un obstacle sérieux à ce qu'elle supplante les chevaux de trait; mais on conçoit qu'il s'abaisse suffisamment pour permettre une certaine concurrence. On peut prévoir enfin que c'est surtout dans les circonstances où il faudra développer de grands efforts, alors que les attelages nombreux éprouveront de grandes difficultés, que la vapeur montrera toute sa supériorité. Cette supériorité sera tout-à-fait incontestable dès qu'il s'agira d'entrainer une charge nécessitant le tirage de 15 ou 20 chevaux réunis. La vapeur ne supplantera donc pas plus que les moteurs animés que, dans d'autres cas, elle n'a supplanté les moteurs naturels, hydrauliques et autres; mais elle ajoutera une puissance nouvelle à des puissances déjà existantes.

IV.

Il est une application de la vapeur qu'on a maintes fois essayée, mais sans succès; c'est la traction sur les routes ordinaires pour un service de voyageurs. On peut se rendre compte de cet insuccès en considérant d'une part, la nécessité d'une marche accélérée pour satisfaire aux besoins de locomotion de l'époque actuelle, et de l'autre, la résistance opposée par une route, même en bon état, au roulement d'une voiture.

Pour nous faire une idée exacte des obstacles que rencontre cette application, rappelons-nous que tout travail mécanique se compose de deux éléments, l'effort et la vitesse, et que ces deux éléments peuvent se combiner dans des proportions indéfiniment variables. Si l'effort est considérable, la vitesse est faible; inversement, si c'est la vitesse qui est grande, l'effort est petit.

D'après cette règle, sur des rails de chemin de fer, qui ne font éprouver au roulement d'une voiture qu'une résistance minime relativement à son poids, un travail déterminé peut facilement se dépenser avec beaucoup de vitesse, parce que l'effort nécessaire pour la mettre en mouvement est faible relativement. Ce même travail mécanique sera loin de pouvoir donner, sur une route, à un même poids, une vitesse égale à celle qu'il pourrait lui imprimer sur des rails, parce que la résistance au roulement y est beaucoup plus grande et que l'effort doit être beaucoup plus grand pour entraîner ce même poids. Si l'on persiste à vouloir une grande vitesse sur une route, on ne peut l'obtenir qu'en faisant sur la charge de tels sacrifices que l'effort utile se trouve diminué dans de trop fortes proportions, pour que l'usage de la vapeur ressorte à un prix accessible à la pratique. Voici du reste un exemple qui fera bien comprendre, je l'espère, ma façon de raisonner.

Supposons qu'une diligence chargée de voyageurs et de colis pèse 5000 kilog. et soit remorquée par une locomotive de 8 chevaux pesant aussi de son côté 5000 kilog., ce qui porte le poids total du train à 10000 kilog. Tout d'abord on remarque que dans ce poids total, le moteur entre pour moitié, et l'on peut juger que le travail mécanique de la vapeur, avant de donner l'effet utile consistant dans la traction de la diligence, subit un énorme déchet, dû au transport même de la locomotive. De là s'élève tout de suite un doute sur les avantages financiers de la vapeur appliquée dans ces conditions.

L'infériorité de la vapeur, par rapport aux chevaux nature, apparaît avec évidence lorsqu'on recherche pour chaque cheval vapeur, qui est de 75 kilogrammètres, la proportion de travail utile qu'il fournit. Ainsi, son travail utile étant limité à la moitié seulement de son travail total, n'est représenté que par 37 kilogrammètres 5 par seconde, tandis que 37 kilogrammètres 5 font partie du déchet. A ce compte, le cheval vapeur qui coûte, comme nous l'avons vu, 5 fr. 47 par journée de 9 heures, ne produit que 1215000 kilogrammètres pendant ce temps, de sorte que le million de kilogrammètres ressort à 4 fr. 50, chiffre supérieur de 1 fr. 70 à celui qui exprime le prix de revient de la même quantité de travail fournie par des chevaux de trait.

La vitesse ne répond pas non plus d'une manière complètement satisfaisante aux besoins des voyageurs modernes. En effet, il faut qu'une route soit bien entretenue pour ne faire éprouver au roulement d'une voiture qu'une résistance de 1/40 de son poids. Avec ce rapport de 1/40, un train de 10000 kilog. rencontre une résistance de 250 kilog. en plaine, et à ce compte, les 600 kilogrammètres que fournissent 8 chevaux vapeur ne peuvent permettre qu'une vitesse de translation de 2 mètres 40 par seconde, qui correspond à une marche de 8640 mètres ou de 8 à 9 kilomètres à l'heure. Les moins exigeants des voyageurs se contenteraient déjà de cette vitesse; mais ils seraient moins accomodants dés qu'il faudrait ralentir pour gravir une rampe.

Supposons le cas où l'on se trouverait sur une pente de 0,05 par mètre, et, pour découvrir l'allure qu'il serait possible d'adopter, considérons la somme de travail qui serait à produire par mètre courant.

On aurait d'abord à developper un travail de 250 hilogrammètres à très-peu près, pour vaincre la résistance au roulement, dans le cas où cette résistance serait 1/40 du poids mis en mouvement. Il faudrait en outre un travail capable d'élever le poids du train, ou 10000 kilog., à 0,05 de hauteur, c'est-à-dire 500 kilogrammètres; en totalité, 750 kilogrammètres seraient donc dépensés par mètre de chemin parcouru; or, comme la machine n'en fournirait que

600, elle ne serait capable de produire qu'un mouvement de transport de 0^m 80 par seconde, correspondant à 2840 mètres, ou à près de 3 kilomètres à l'heure.

Il faut cependant reconnaître qu'on pourrait avoir d'un autre côté une compensation à cette lenteur de transport, car il n'y a pas de montée sans descente, dit le proverbe, de sorte que la pesanteur rendrait sur un flanc de côteau ce qu'elle aurait absorbé sur un autre; mais ici la vitesse aurait une limite fixée par la prudence à 16 ou 18 kilomètres à l'heure, qui n'aurait rien du tout d'extraordinaire. et que les moteurs animés pourraient fournir à meilleur marché.

Reconnaissons encore que si, au lieu d'employer une machine de 8 chevaux, on avait recours à une de 12, on arriverait très-probablement à des résultats moins défavorables, parce que son poids, et par suite la résistance au roulement, ne s'accroît pas proportionnellement à sa puissance.

Quoiqu'il en soit, la principale supériorité que la vapeur pourrait avoir sur les moteurs animés, dans le cas de transports accélérés, consisterait dans son aptitude à travailler 12 ou 15 heures par jour, et même davantage, ce qui permettrait de parcourir 100 kilomètres, avec possibilité de continuer pendant plusieurs jours de suite, à la condition toutefois que des mesures seraient prises sur le trajet pour assurer l'alimentation du générateur.

Comme on le voit, les locomotives routières, dans l'état actuel des choses, sont beaucoup plus pratiques pour transporter lentement de grandes masses que pour faire un service rapide avec faible charge. Elles peuvent être très-avantageuses pour mouvoir un rouleau compresseur de routes, remorquer des bateaux sur une rivière, etc., mais non pour effectuer des transports accélérés de voyageurs.

V.

Après avoir recherché quelle pourrait être l'utilité des locomotives fonctionnant sur des routes en bon état, étudions le rôle que ces machines pourraient remplir, étant transportées en plein domaine agricole, pour remorquer des instruments aratoires. Dans ce but. nous allons supposer cette même locomitive de 8 chevaux déjà étudiée et pesant 5000 kilog., attelée devant une charrue à quatre socs.

La résistance au transport même de la machine sur la terre des champs varierait beaucoup, selon la consistance du terrain; toutefois, d'après les expériences déjà faites sur le tirage des voitures et sur des sols à l'état naturel, expériences relatées dans les traités de mécanique, il me semble que, dans les conditions les plus ordinaires de la culture, le rapport de la traction au poids exprimant cette résistance, devrait être de 1/8 environ, et que, par conséquent, la locomotive en question exigerait pour se déplacer un effort équivalent à une traction de 625 kilogrammes.

Un soc de charrue nécessite aussi des efforts de traction bien différents selon la terre qu'on lui fait travailler. Dans les conditions les plus communes du sol, lorsqu'on donne les cultures préparatoires pour une semaille de blé, un soc, en creusant un sillon de 0^{m} 33 de largeur, sur une profondeur de 0^{m} 15 à 0^{m} 20, selon les circonstances qui règlent le labour, paraît exiger une traction de 250 à 300 kilogrammes. Les expériences, quoique bien insuffisantes, que j'ai vu signaler à cet égard par les journaux d'agriculture, me permettent cependant de croire que le chiffre de 300 kilog. est plutôt au-dessus qu'au dessous la vérité, et qu'en l'adoptant pour ma discussion j'exagérerai probablement, plutôt que je ne les diminuerai, les conditions défavorables à la thèse que j'expose.

Il est donc bien entendu que les chiffres qui expriment ces différentes résistances dont nous venons de parler peuvent varier à l'infini, et qu'en les employant pour édifier un calcul, nous ne faisons que prendre en exemple des cas rentrant dans la pratique ordinaire. Ces exemples serviront à mieux faire comprendre le problème que nous étudions; chacun, d'ailleurs, pourra modifier ces chiffres, pour les adopter aux circonstances particulières dans lesquelles il se trouvera placé.

En admettant dans le calcul une résistance en plaine de 625 kilog. pour la locomotive et de 300 kilog. par soc, ou de 1200 kilog. pour 4 socs groupés sur un même bâti, on voit que la vapeur doit surmonter une résistance totale de 1825 kilogrammes. Comme le travail qu'elle donne, avec ses 8 chevaux, n'est que de 600 kilogrammètres, elle ne peut surmonter cette résistance de 1825 kilog. qu'avec une vitesse de 0^{m} 33. Cette vitesse est faible, et la question qui se présente immédiatement à l'esprit est celle de savoir si elle ne pourrait être augmentée. Assurément, on pourrait marcher plus vite, en diminuant le nombre des socs et, par suite, la résistance; mais on ne saurait le faire économiquement, comme on peut s'en convaincre par l'exemple suivant.

Dans le cas précédent où nous avons supposé l'existence de 4 socs réunis, la résistance totale était de 1825 kilog.; celle de la locomotive qui n'entrait dans cette somme que pour 625 kilog., constituait à peu près un tiers de cette résistance, les deux autres tiers étant employés au travail utile, en faisant fonctionner l'instrument opérateur, la charrue. En termes plus précis. sur 600 kilogrammètres, 204, ou les 34 centièmes, étaient absorbés par la machine, tandis que 396, ou les 66 centièmes, étaient employés à tirer la charrue.

Si, dans le but d'accroître la vitesse, on diminue la résistance en ne faisant usage que d'un bisoc, celle de l'opérateur s'abaisse à 600 kilog., tandis que celle de la machine reste à 625, de sorte qu'on n'a plus en somme qu'une résistance de 1225 kilog. dans laquelle entre, pour environ moitié, celle qui est causée par le déplacement de la machine. La puissance de la vapeur peut s'exercer en déterminant un mouvement de transport le 0^{m} 49 par seconde; mais alors le travail nuisible est énorme, puisqu'il atteint et dépasse même la moitié du travail total, dont il absorbe les 51 centièmes.

Comme on le voit encore ici, une locomotive agricole, à cause de la grande résistance qu'elle éprouve à se déplacer, ne peut produire une traction économique qu'à la condition de se mouvoir lentement. Elle consomme une partie de son propre travail d'autant plus importante qu'elle marche plus vite ou, pour parler autrement, la part qu'elle livre pour un effet utile, traction de charrues, de voitures, etc., est d'autant plus grande que la locomotion est moins rapide.

Le côté de la question qui excite le plus la curiosité est celui où l'on suppose une machine placée sur le flanc d'un côteau, au sommet duquel il faut monter. Comment, en effet, un appareil aussi lourd que l'est une locomotive de 8 chevaux, peut-il, avec ses 5000 kilog., gravir une pente de 1/10, par exemple, sur un sol arable offrant déjà 625 kilog. de résistance au roulement.

Procédant comme nous l'avons déjà fait dans des exemples précédents, nous trouvons qu'au travail consommé, par mètre courant, pour surmonter la résistance du sol, et que nous comptons à 625 kilogrammètres, comme s'il était égal exactement à celui qui se consomme en plaine, s'ajoute celui qui est nécessaire pour élever le moteur, c'est-à-dire 5000 kilog., à 0^{m} 10 de hauteur, second travail qui est lui-même de 500 kilogrammètres. La totalité du travail résistant opposé par mètre courant, tant par les quatre socs de charrue que par le roulement et l'élévation du moteur, atteint donc 2325 kilogrammètres, et la résistance qu'il occasionne ne peut être surmontée, avec 600 kilogrammètres fournis par seconde, que si l'on réduit la vitesse à 0^{m} 26, donnant par là même près de quatre secondes au moteur pour produire la quantité de travail nécessaire pour cheminer sur un mètre de longueur.

Dans ces dernières conditions examinées, la résistance nuisible du moteur atteint, à très-peu près, 1125 kilog., c'est-à-dire du cinquième au quart de son poids. Elle peut être surmontée et, de plus, un effort de 1200 kilog. peut être appliqué à un instrument aratoire, si le mécanicien a établi des organes de transmission capables de communiquer l'effort nécessaire à la vitesse voulue. Avec le même travail mécanique, on arriverait à produire des efforts plus énergiques encore en ralentissant davantage encore la vitesse; mais il y a des difficultés à cette manière d'agir. En effet, pour avoir une petite vitesse de translation, il faut que les roues porteuses de la locomotive ne fassent par minute qu'un petit nombre de tours, quatre par exemple; or, pour avoir un moteur léger et facilement transportable, il faut recourir à des machines exécutant au moins 150 révolutions par minute; on ne peut, dans ces conditions, ralentir le mouvement pour accroître la puissance, qu'en multipliant les organes de transmission, ce qui, outre l'inconvénient d'introduire une complication dans le mécanisme, entraîne, à chaque transmission, une certaine consommation de travail. De plus il faut, pour communiquer de grands efforts, des organes puissants et par suite lourds, volumineux et difficiles à faire entrer dans la composition de machines mobiles, pour lesquelles on doit avant tout rechercher la simplicité et la légèreté. Je crois cependant, après avoir essayé l'application des formules de mécanique à une transmission de 8 chevaux, qu'il est encore très-facile de communiquer ces 8 chevaux, ou 600 kilogrammètres, avec une vitesse de 0^m 25 seulement, correspondant à un effort de 2400 kilogrammes.

Dans la supposition que nous venons de faire d'une machine fonctionnant sur une rampe de 0^m 10 par mètre, nous avons vu qu'une partie considérable de la vapeur était employée au transport de la machine elle-même. Mais il ne faut pas perdre de vue ce principe qu'il n'y a pas de montée sans descente et que, si la pesanteur produit à la montée un accroissement de travail résistant, elle produira à la descente un surcroît de travail utile, restituant ainsi celui qu'elle absorbe dans l'élévation de la machine. Les dépenses de temps et d'argent, bien que très-variables avec les diverses inclinaisons du sol, se rapprochent cependant en définitive de la dépense analogue qui aurait lieu sur un terrain horizontal.

La partie de cette étude qui intéresse le plus le praticien est assurément celle qui est relative au prix de revient du travail de la vapeur appliquée à la culture, et à sa comparaison, au point de vue financier, avec celui des chevaux.

Dans les conditions les plus ordinaires de la culture, une charrue est attelée de quatre chevaux et fonctionne pendant 8 ou 9 heures dans une journée; admettons 9 heures. Sur une route, un cheval peut fournir pendant le même temps un travail moyen de 50 à 60 kilogrammètres par seconde; mais, sur une terre arable, son travail utile est fort inférieur à celui qu'il peut donner sur une route. En effet, la terre arable, plus ou moins compressible, se déprime sous les pieds de l'animal, dont le corps descend et remonte, à chaque pas, de la hauteur de la dépression. Il y a par ce fait un travail dépendant à la fois de la pression des pieds sur le sol et de la profondeur à laquelle ils s'enfoncent, travail qui parfois devient très-considérable et peut même absorber toute la puissance qu'un animal est capable de développer.

Il y a peu d'expériences entreprises pour constater la quantité de travail que les animaux peuvent produire, suivant la consistance du sol qui les porte. Je ne crois pas que, dans les conditions ordinaires où un cheval est attelé à une charrue, on puisse lui attribuer une production moyenne de plus de 45 kilogrammètres par seconde. A ce chiffre de 45 kilogrammètres, chaque cheval produirait donc en 9 heures de travail 1458000 kilogrammètres. En admettant, comme nous l'avons fait précédemment, que le prix de cette journée, tous frais compris, soit de 5 fr., le million de kilogrammètres utiles revient à 3 fr. 42.

Une machine à vapeur locomotive, fonctionnant dans les conditions où nous l'avons supposée, alors que nous la considérions comme attelée à quatre socs de charrue et surmontant une résistance de 1825 kilogrammes, absorbait en plaine, pour son propre déplacement 34 pour cent de son travail, ainsi que nous l'avons dit précédemment; pnr conséquent le cheval vapeur, sur 75 kilogrammètres produits, en perdrait 25,50 en travail nuisible, de sorte qu'il n'en resterait que 49,50 pour le travail utile appliqué à l'opérateur. En marchant pendant 9 heures, ce cheval vapeur fournirait donc, en travail utile de traction, la somme de 1725300 kilogrammètres. Le prix du travail de 9 heures étant comme nous l'avons calculé de 5 fr. 47 par cheval vapeur de 75 kilogrammètres fait ressortir le million de kilogrammètres utilisés à 3 fr. 41, chiffre à très-peu près égal à celui que nous avons trouvé avec le cheval nature.

Je n'ai pas la prétention d'attribuer à ces chiffres un caractère absolu. Dans l'incertitude qui subsiste encore sur le travail des moteurs en général, animaux ou machines, en présence des variations de son prix de revient, selon une foule de circonstances, je ne puis les donner que comme exprimant des valeurs approchées. Même dans ces conditions défectueuses, ils suffisent cependant pour faire voir qu'au point de vue financier, la vapeur ne peut supplanter la bête de somme, mais seulement lui faire concurrence, à moins qu'on ne parvienne à la faire travailler dans des conditions beaucoup moins onéreuses que celles que nous rencontrons la plupart du temps ou bien encore, à moins que les circonstances n'élèvent considérablement les frais des bêtes de somme, comme cela a lieu lorsqu'elles sont nombreuses dans un même attelage. On peut donc considérer comme chimériques les craintes de quelques personnes qui blâment, dans la presse agricole, les encouragements donnés au labourage à vapeur, parce que, selon elles, ces encouragements ne peuvent que nuire à l'élevage du cheval qui, plus que jamais, est nécessaire pour la remonte. Tout en respectant la pensée patriotique qui inspire le langage de ces publicistes, il faut reconnaître qu'ils ne se font pas une idée juste de l'état des choses (1).

Une autre manière d'envisager le rôle de la vapeur consiste à lui

(1) M. Gayot s'est fait le représentant de ces craintes à la Société centrale d'agriculture de France, dans la séance du 9 juillet 1873; mais ses appréhensions n'ont pas été partagées par ses collègues. En supposant qu'elles soient fondées à l'égard des machines à labourer au moyen de cables, elles ne le seraient plus en face des locomotives à traction directe, car si ces engins devenaient réellement pratiques, ils suppléeraient, dans certaines mesures, les attelages qui font défaut; et, qu'on le remarque, il serait bien plus expéditif de créer 10000 chevaux vapeur que 10000 chevaux nature.

demander moins un abaissement de prix pour un travail mécanique donné, que des applications qui seraient difficiles ou même impossibles avec des atteloges. Je vais faire comprendre ma pensée en citant un exemple. Une batteuse ambulante à grand travail pourrait certainement être mise en activité, au moyen d'un manège attelé de 8 chevaux; mais un semblable appareil moteur serait fort peu commode a transporter et à installer. La locomobile simplifie les choses et facilite l'emploi de cette batteuse, moins par l'abaissement du prix du travail mécanique, que par la commodité avec laquelle elle se prête au déplacement et à l'installation. La vapeur, dans ce cas, rend donc praticable une machine à battre qui, non-seulement débite une énorme quantité d'ouvrage et permet au cultivateur de disposer de sa récolte au moment qu'il juge le plus opportun, mais encore exécute cet ouvrage avec une supériorité à laquelle ne peuvent atteindre nos machines ordinaires à manège, comportant deux, trois ou quatre chevaux, et donne même la facilité d'opérer dans les champs avec une économie de main-d'œuvre importante.

Pour des opérations de défonçage, de sous-solage, qui demandent des efforts énergiques et ne peuvent être exécutés que par des attelages nombreux dans la pratique actuelle, la vapeur se montrerait certainement supérieure aux chevaux pour la rapidité d'exécution et l'économie du prix de revient, car le rendement en travail des moteurs animés baisse promptement quand on les multiplie sur le même point.

Voilà bien des cas d'une application qui est, sinon impossible, du moins difficile sur le concours de la vapeur. Recherchons maintenant des circonstances où elle pourrait rendre des services de traction pour lesquels la concurrence serait impossible de la part des attelages animés, et citons un fait authentique qui fait ressortir des ressources que la vapeur met à notre disposition, bien que ce fait soit fourni par des machines peu propres à exercer directement des efforts de traction, et que ces machines soient plutôt automotrices que locomotives.

La Société d'encouragement pour l'industrie nationale a fondé en 1867 un prix de 6000 francs pour l'application du labourage à vapeur. Ce prix, décerné en 1873, a été partagé entre M. Decauville de Petitbourg, et MM. Testard, de Gonesse. L'exposé des motifs de la décision de la Société met en évidence d'une manière éclatante les services tout-à-fait extraordinaires que la vapeur a rendus sur l'exploitation de MM. Testard, en exécutant à temps utile des opérations urgentes, par la prolongation du travail journalier bien au-delà du nombre d'heures qu'on pourrait imposer à des bêtes de somme, auxquelles il faut un repos périodique d'une certaine durée. Voici du reste un extrait du rapport en ce qui concerne ces Messieurs.

« Le 6 septembre 1870, ces Messieurs (Testard), chassés par la menace de l'invasion, furent obligés par ordre supérieur de se réfugier à Paris et d'y amener leur bétail pendant que leurs récoltes et leurs produits en magasin étaient livrés aux flammes.

« Après le siége, il ne restait à MM. Testard que 7 chevaux sur les 167 animaux à Paris. Ces Messieurs s'empressent cependant de retourner à Gonesse; mais leur ferme était occupée par les Prussiens qui ne les laissèrent pas s'y installer et qui, en partant, volèrent tout ce qui s'y trouvait, jusqu'à la litière qui pouvait y rester encore.

« Le 1er avril 1871, un changement de garnison ennemie leur permit enfin d'occuper une partie des bâtiments. Mais que faire, au mois d'avril, sans un hectare labouré, sans ensemencements, ni d'automne, ni de printemps, sans animaux, sans fourrages, au milieu d'un pays ravagé par l'ennemi et où sévissait avec violence la peste bovine?

» MM. Testard ne perdirent pas courage; ils commandèrent en Angleterre un appareil à vapeur de M. Fowler, qui devait leur être immédiatement livré, mais les évènements de Paris ôtaient toute confiance au commerce extérieur. La maison Fowler hésitait à livrer; l'un des associés dut aller lui-même en Angleterre et solder un second tiers du prix pour pouvoir enfin faire terminer les appareils.

« Le temps, au milieu de ces difficultés de toute sorte, s'écoulait rapidement. Les appareils de labourage à vapeur commencèrent seulement à travailler le 18 mai 1871. Mais, grâce à l'admirable puissance de ces appareils, grâce aussi, hâtons-nous de le dire, à leur invincible énergie, MM. Testard, en un seul mois, en travaillant sans interruption de 3 heures du matin à 8 heures du soir, car la vapeur ne se fatigue pas comme les chevaux, purent préparer et ensemencer dans de bonnes conditions 240 hectares de betteraves. Leur campagne sucrière était dès lors assurée, et ils affirment que la valeur de leur appareil était payée par cet immense résultat.

« Dès les mois d'août et de septembre suivants, les appareils de labourage à vapeur reprirent leur tâche pour préparer les terres, dont une partie était forcément restée en jachère, pour les ensemencements d'automne. Le travail de la vapeur permit heureusement de n'acheter, à l'automne, que la moitié du nombre de bœufs ordinairement employés, car les 70 bœufs nécessaires aux transports mouraient du typhus au commencement de janvier.

« Les travaux se firent sans difficulté en 1872 et, dès les premiers jours de mai, 217 hectares étaient ensemencés en betteraves.

« Les pluies diluviennes de l'automne dernier devaient fournir aux appareils de culture à vapeur, entre les mains intelligentes de MM. Testard, l'occasion d'un nouvel et éclatant succès. Dès le mois de novembre, le sol se trouvait tellement détrempé qu'il était impossible de sortir les betteraves des champs; 16 ou 18 bœufs ne pouvaient pas tirer, dans les terres mouillées, une voiture chargée de 2000 kilogrammes de racines; la sucrerie allait s'arrêter, faute de matières premières. On fit encore appel à la vapeur. La locomobile se plaçait sur le chemin qui borde la pièce de terre; deux ou trois paires de bœufs déroulaient le câble et portaient son extrémité libre auprès du tombereau chargé. On attelait le câble à la flèche de la voiture et on mettait en mouvement le treuil de la locomobile. La voiture, cédant à cet énergique effort, arrivait sans peine jusqu'à la route, où on la confiait à son attelage ordinaire. »

Les appareils de Gonesse ont incontestablement fourni des résultats magnifiques, dus principalement à la faculté qu'ils ont donnée de prolonger le travail journalier presque au double de celui des bêtes de somme, mais cela, dans des circonstances tout-à-fait exceptionnelles et sans dissiper complétement tous les doutes sur leur utilité pratique en temps ordinaire. Le plus grand sujet de doute réside assurément dans le haut prix qu'il a fallu mettre à leur acquisition, car les charrues à deux moteurs de 12 chevaux chacun, comme celles de la maison Fowler, avec câbles en fils d'acier, treuils, socs doubles pour l'aller et le retour, etc., ne coûtent guère moins de 50000 francs, si elles n'atteignent ou même ne dépassent ce prix. Des appareils à traction directe coûteraient beaucoup moins; on peut en acquérir la conviction, en envisageant la différence dans la manière de procéder avec les uns et avec les autres. Avec les derniers, en effet, il ne faudrait ni câbles ni treuils, et les opérateurs qu'ils actionneraient seraient plus simples, attendu qu'ils fonctionneraient toujours en marchant en avant; en définitive, un appareil de culture à vapeur, comprenant une locomotive de 8 à 12 chevaux, ne coûterait probablement pas plus de 20000 francs, serait accessible à la moyenne culture et se répandrait dans la pratique. Il ne faut pas non plus perdre de vue que les machines à labourer actuelles, n'étant qu'automotrices, c'est-à-dire capables seulement de se transporter avec leur outillage, sans travailler, ne peuvent servir bien avantageusement comme routières, tandis que des locomotives agricoles, telles que je les propose, pouvant opérer une traction directe à la manière des animaux de trait, ou fonctionner à poste fixe, comme les locomobiles, rendraient des services beaucoup plus variés que des machines compliquées et coûteuses, dont quelques princes de la culture font seuls usage maintenant.

Voici encore un cas où l'importance de la vapeur serait manifeste.

On sait toutes les difficultés qu'éprouvent les charretiers, lorsqu'ils ont une charge un peu considérable à faire enlever, dans un mauvais chemin, par des bêtes de somme plus ou moins nombreuses, alors qu'il faut faire tirer avec ensemble toutes les parties d'un même attelage. Dans ce cas une machine à vapeur, attelée immédiatement devant la charge, pourrait exercer des efforts de traction qu'il serait impossible d'obtenir avec des animaux, pourvu que son constructeur l'ait pourvue d'organes de transmission du mouvement capables de communiquer un travail avec une faible vitesse. Pour bien saisir l'importance de cette observation, qu'on se porte en pensée sur un chantier de construction. Là, on voit un seul homme, au moyen de rouages combinés de certaines façons, soulever des fardeaux d'un poids énorme. Après cela qu'on essaie de prévoir les résultats qu'on obtiendrait, en soumettant des organes mécaniqnes plus ou moins analogues, non plus seulement à la puissance d'un homme, pas même à celle d'un cheval, mais à celle de 10 ou 12 chevaux vapeur, et l'on se convaincra, je pense que la pratique n'exploite pas encore jusqu'à sa dernière application, la puissance de la vapeur.

J'insiste sur ce point, à savoir que la supériorité de la vapeur sur les attelages vivants ne consiste pas seulement à permettre la concentration dans un petit espace d'une grande puissance locomotrice en employant, par exemple, une machine de 12 chevaux qui n'occupe guère plus de place que deux chevaux de trait, mais encore à rendre possible la production d'efforts très-énergiques, au moyen de combinaisons mécaniques pour lesquelles les chevaux seraient impropres.

A la vérité, des moteurs animés peuvent bien être attelés à des appareils analogues aux palans, et exercer des efforts considérables, mais ce mode d'utilisation de leurs forces, outre qu'il est compliqué est extrêmement lent. Une locomotive pourvue d'engrenages suivant certains rapports, et attachée directement à l'objet à mouvoir, serait beaucoup plus pratique. D'ailleurs, en cas de nécessité, elle pourrait même être attelée à un palan, aussi bien que des moteurs animés ; elle offrirait même sur ces derniers l'avantage de servir à la fois d'ancre et de moteur, si elle portait, en même temps qu'un crochet de palan, un tambour sur lequel on ferait enrouler le garant.

VI.

Cette étude des locomotives agricoles peut soulever une foule d'objections contre la possibilité d'une application pratique ; mais la plupart de ces objections ne me paraissent pas signaler d'obstacles très-sérieux. Une seule est grave a mes yeux ; c'est celle qui fait ressortir la difficulté avec laquelle les machines mobiles supportent les transports. En effet, après quelque temps de service, les générateurs construits suivant les types communément en usage maintenant, éprouvent un commencement de dislocation qui occasionne des fuites plus ou moins dommageables. Il y a là à surmonter une difficulté extrêmement sérieuse, en face de laquelle toutes les autres ne sont que secondaires.

Je me permettrai d'exprimer l'opinion suivante ; à savoir que les types de moteurs à vapeur transportables les plus fréquents aujourd'hui, types ressemblant beaucoup à celui des locomotives de chemin de fer, sont impropres pour la construction de locomotives agricoles, et ne sont même pas convenables pour celle des locomobiles ordinaires, qui doivent subir des déplacements répétés, comme, par exemple, lorsqu'elles voyagent de ferme en ferme avec une batteuse.

En effet, la chaudière d'un de ces moteurs, ayant le foyer intérieur, nécessite des dimensions considérables, relativement à l'ensemble du générateur (chaudière et foyer compris), et constitue la plus grande partie de la masse de ce générateur. Si l'on réfléchit que dans ces conditions elle doit, non-seulement supporter, comme dans toute machine fixe, une pression intérieure plus ou moins élevée, mais encore résister aux secousses de transport; que ces secousses, par la force d'inertie qu'elles mettent en jeu, sont plus puissantes encore que l'effort expansif de la vapeur pour produire des éraillements, on conçoit qu'il est d'autant plus difficile de l'obtenir avec toutes les garanties nécessaires de sécurité, que sa masse est plus grande, et que l'inertie dépendant de cette masse est plus puissante. Les dispositions actuellement en usage pour la construction des locomotives peuvent être très-commodes sur une voie établie avec une grande précision, qui ne fait presque pas éprouver de secousses aux voitures, comme celle d'un chemin de fer; mais sur des routes, à plus forte raison, sur des chemins ruraux, il faut nécessairement, à mon avis, d'autres dispositions sur lesquelles nous allons jeter un coup d'œil rapide.

On construit aujourd'hui des chaudières dites inexplosibles, dans lesquelles on cherche à obtenir la surface de chauffe nécessaire pour une puissance voulue, au moyen de tubes bouilleurs plus ou moins nombreux, plus ou moins repliés sur eux-mêmes, et confinés dans un étroit espace.

Ces chaudières, plongées dans le foyer qui est alors *extérieur*, n'ont qu'une faible capacité, relativement à l'étendue de la surface de chauffe, de sorte que l'eau injectée dans leur intérieur n'y séjourne que peu de temps, ne fait, pour ainsi dire, que les traverser, en se transformant en vapeur, ce qui exige une réglementation spéciale de la pompe alimentaire, afin que l'alimentation reste en rapport constant avec la dépense de vapeur. Grâce à de semblables dispositions, le poids d'une chaudière n'est plus qu'une fraction assez faible du poids de l'ensemble du générateur, et sa masse étant beaucoup moindre, à puissance motrice égale, supporte beaucoup mieux les secousses de transport, qu'avec la disposition comportant le foyer *intérieur*. De plus, les tubes, raccordés les uns aux autres par des pas de vis, offrent des joints beaucoup plus solides que ceux qu'on obtient par l'emploi des rivets.

Indépendamment de la supériorité que les chaudières à foyers extérieurs pourraient avoir, au point de vue de la résistance aux déchirures, sur celles qui ont leurs foyers intérieurement, comme les locomotives de chemin de fer et la plupart des locomobiles que nous voyons, elles en posséderaient encore très-probablement une autre dont je vais parler brièvement en passant, et qui consisterait dans une diminution de poids du générateur. Cet allégement serait dû à ce que le constructeur adopterait des dispositions qui faciliteraient les nettoyages, en sorte que la transmission du calorique du foyer à l'eau étant plus rapide, sur une surface de chauffe donnée, il se produirait une plus grande quantité de vapeur, et il se développerait, en définitive, une plus grande puissance; où, inversement, une puissance voulue s'obtiendrait avec une moindre surface de chauffe.

Actuellement, on donne environ 1 mètre carré 50 de surface de chauffe par cheval; mais cette surface est beaucoup plus grande que celle qui serait rigoureusement nécessaire, si la transmission du calorique s'opérait de la même façon que dans les expériences de physique, où l'on étudie la propagation de la chaleur à travers les métaux, parce que, dans la pratique, cette propagation est entravée par une foule de complications dont la principale est l'adhérence de matières étrangères aux parois de la chaudière. D'un côté la surface est salie par des crasses apportées par le courant des produits gazeux de la combustion; de l'autre, il y a des dépôts incrustants abandonnés par l'eau. Si donc, par des dispositions convenables, on peut arriver à tenir une chaudière très-propre, il n'y a nul doute que cette surface de chauffe de 1 mètre carré 50 ne soit plus grande que cela n'est nécessaire; c'est ce que des exemples feront parfaitement comprendre.

Les plus grandes locomotives agricoles aujourd'hui connues sortent de la maison Fowler; elles sont d'une force nominale de 20 chevaux de 75 kilogrammètres, ont une surface de chauffe de 25 mètres carrés, soit 1 mètre carré 25 par cheval, et pèsent, si j'en comprends bien les données, 16000 kilogrammes, avec un treuil et 375 mètres de câble.

Au dernier concours de labourage à vapeur, en Angleterre, l'une de ces machines, comme ses concurrentes, du reste, a été soumise à des épreuves dans lesquelles on lui a fait subir des pressions et des vitesses de révolution beaucoup plus grandes que sa pression et sa vitesse normales. Cette locomotive de 20 chevaux a été poussée jusqu'au point où elle en a donné 143 chevaux, environ 7 fois sa puissance nominale. Une autre, de 12 chevaux avec 17 mètres carrés 50 de surface de chauffe, sortant également des ateliers Fowler, a été poussée jusqu'à 103 chevaux, presque à 9 fois sa puissance nominale (1). A ces limites extrêmes, la surface de chauffe n'était donc, par cheval, que 0 mètre carré 175 dans le premier cas, et de 0 mètre carré 16 dans le second.

Comme on le voit, des surfaces de chauffe 8 ou 9 fois moindres que celles qui sont adoptées généralement dans la pratique, ont pu donner le cheval vapeur. Ce résultat n'a pu être atteint que parce

(1) Ces chiffres sont puisés dans un rapport de M. Liébant, inséré dans le bulletin n° 9 de l'année 1873 de la *Société des Agriculteurs de France*.

que les machines toutes neuves, sans doute, étaient très-propres, en sorte que les générateurs ont fourni, sur une surface relativement petite, la vapeur nécessaire à la production de la force de ce cheval.

A la vérité, il faut bien aussi attribuer une part à l'habileté des conducteurs, surtout lorsque ces conducteurs étaient des Anglais, par conséquent très-experts en fait de concours; mais, quoique nous ne trouvions dans les chiffres cités que des résultats de concours, et partant, extraordinaires, ils suffisent néanmoins pour faire ressortir toute l'importance de la propreté d'un générateur, et l'intérêt qu'il y aurait à avoir des chaudières facilement accessibles en dedans et en dehors. Ne parvînt-on à obtenir le cheval vapeur qu'avec une surface de chauffe de 0 mètre carré 75, qu'il en résulterait déjà un abaissement très-notable dans le poids des générateurs. Or les types à foyers intérieurs, analogues à celui des locomotives de chemin de fer, sont d'un nettoyage très-difficile, quant aux incrustations; c'est pourquoi il faut chercher des dispositions plus commodes que celles qu'ils nous présentent. Ces dispositions plus avantageuses, je les rencontre peut-être dans le système *Belleville* qui est à foyer extérieur, permet de décrasser, au moyen d'une lance à vapeur, la paroi de la chaudière en contact avec la flamme, et dans lequel encore les tubes bouilleurs paraissent assez accessibles à l'intérieur, par l'enlèvement de bouchons qui les ferment aux extrémités.

Si j'avais à exposer devant des constructeurs le projet de réduire la surface de chauffe des machines, ou plutôt d'obtenir, avec une surface donnée, une plus grande quantité de vapeur, je m'attendrais à ce qu'on me dise : certainement, on pourrait dégager, par mètre carré, plus de vapeur qu'on n'en dégage dans la pratique actuelle; mais alors on risquerait de brûler les chaudières. Comme la pensée qui inspirerait cette réponse serait la première à se présenter à l'esprit, et qu'elle produirait une impression défavorable, je m'attendrais à voir condamner mon projet, car les hommes, surtout en France, jugent plus souvent par impression que par raisonnement.

Cependant, si l'on réfléchit un peu aux conditions du problème, on ne tarde pas à voir que ces craintes d'altération ne seraient guère fondées, ou du moins seraient exagérées. En effet, on peut augmenter le dégagement de la vapeur de deux manières : 1° en entretenant les chaudières très-propres; 2° en activant la combustion. Dans le premier cas, l'altération d'une chaudière par le feu n'est certainement pas plus grave que dans n'importe quelle autre condition de chauffage, puisque l'accélération de la vaporisation n'est due qu'à une transmission plus prompte de calorique du foyer à l'eau, transmission qui n'est pas alors entravée par des dépôts de matières plus ou moins conductrices de la chaleur. Il est au contraire permis de croire que le métal d'une chaudière, s'il est exempt d'incrustations, étant immédiatement en contact avec l'eau, sera moins exposé à être surchauffé et à subir, de ce chef, une altération par le feu.

On comprend, je le pense, que s'il suffit de 1 mètre carré 50 de surface de chauffe, dans les circonstances ordinaires, avec les générateurs à foyers intérieurs, qui ne sont nettoyés qu'à d'assez longs intervalles, pour obtenir la vapeur nécessaire à la production d'un cheval, on comprend, dis-je, qu'avec des générateurs susceptibles d'être bien entretenus, on arriverait à produire la même quantité de vapeur sur une surface beaucoup moindre (1).

Quant à l'autre moyen d'accélérer la vaporisation consistant à faire activer la combustion par un chauffeur intelligent, on a raison de concevoir des craintes pour les parois exposées au feu, mais ces craintes s'affaiblissent beaucoup, et doivent même disparaître devant le fait d'un remplacement facile des parties altérées.

Toutes les chaudières s'altèrent avec le temps, sous l'action du feu, quelqu'en soit l'intensité. La conduite d'un foyer de combustion soutenue vivement aura pour résultat de ne pas permettre une aussi longue durée à la chaudière qui lui correspond; mais l'altération de celle-ci ne sera pas instantanée; il n'y aura de différence que dans le temps du service, temps qui pourra être déterminé par l'expérience. Il n'y a pas en cela de quoi effrayer, si l'on fait usage de générateurs à réparations faciles, comme le sont ceux de la maison Belleville, dont les tubes bouilleurs se peuvent remplacer dès qu'ils n'offrent plus assez de garanties de solidité. Il suffit pour cela d'en tenir en réserve quelques-uns de rechange. En tous cas, la propreté intérieure sera une garantie de durée par la facilité de propagation qu'elle donnera au calorique.

Les générateurs à foyers extérieurs pour machines mobiles sont encore assez rares aujourd'hui. Cela tient sans doute, en partie, à cette résistance inintelligente de l'esprit humain qu'on rencontre en face de presque toutes les innovations bienfaisantes; peut-être exigent-elles plus de précision dans leur marche, une surveillance plus attentive que les autres machines, et peut-être leurs conducteurs mettent-ils au compte du mécanisme, ce qu'avec plus de modestie, ils devraient attribuer à leur incurie, ou à leur incapacité; peut-être enfin ces machines, dites inexplosibles, attendent-elles encore de nouveaux perfectionnements avant de pénétrer largement dans la pratique. C'est ce qu'une étude ultérieure pourrait apprendre. Pour moi, qui n'ai qu'une vue grossière des choses, il me semble que les générateurs à chaudières intérieures permettront la solution vraiment pratique du problème des locomotives agricoles.

(1) Il faudrait nettoyer au moins une fois par semaine, si l'on emploie des eaux des puits ordinaires, en marchant tous les jours. — Une de mes connaissances qui a été employée dans une usine où fonctionnaient une demi-douzaine de générateurs Belleville, dans des ateliers séparés, m'a dit qu'en 4 ou 5 heures on pouvait démonter, nettoyer et remonter l'un de ces générateurs.

En parlant des types de machines à vapeur nous avons été amenés à discuter une question de poids. Nous avons vu qu'il serait certainement possible de construire des générateurs capables de fournir, à égale surface de chauffe, une plus grande quantité de vapeur qu'il n'en est ordinairement fourni dans la pratique actuelle, et par conséquent de donner plus de puissance à poids égal. Je me propose maintenant de rechercher s'il ne serait possible de réduire aussi le poids de la machine proprement dite (cylindres, pistons, arbre à vilbrequin, etc.), qui est adjointe au générateur.

Supposons qu'on possède un moteur (machine et générateur compris) de 8 chevaux, ayant une machine faisant normalement 150 révolutions par minute, comme c'est le cas pour une locomobile Fowler décrite sous le n° 3 dans le bulletin n° 9 de la Société des agriculteurs de France, année 1873; supposons en outre que cette machine puisse être mise en correspondance avec un générateur assez puissant pour fournir dans le même temps, une quantité au moins double de vapeur, et lui faire exécuter au moins 300 révolutions; il est clair que, dans cette nouvelle condition, le travail peut s'élever à 16 chevaux, au lieu de 8, qui constituent la force nominale, et qu'il est possible, par l'accélération du mouvement, de réaliser une grande économie de poids, relativement au travail obtenu. L'essentiel alors est d'arriver, avec un mécanisme limité en dimensions et en poids, à la plus grande somme de travail, sauf ensuite à utiliser ce travail à produire des efforts et des vitesses convenables, selon les circonstances de l'application, en réglant en conséquence les rapports des organes de transmission du mouvement. En poursuivant les suppositions, on en vient à concevoir des projets de machines exécutant 400, 500, et même 600 révolutions par minute, et capables par conséquent de rendre un travail énorme, relativement à leurs masses. C'est dans cet accroissement de rapidité d'allures que je me propose de chercher un allégement du mécanisme; ou plutôt une augmentation de puissance, avec un poids limité de matériel.

Cette proposition d'accroître la puissance de la machine proprement dite, en accroissant la vitesse de fonctionnement, rencontre des difficultés que, ce me semble, on peut tourner, ou au moins affaiblir dans de grandes proportions. Ceci est surtout important dans le cas qui nous occupe, puisque la résistance au roulement d'un véhicule est intimement liée à son poids, et qu'il y a d'autant plus d'intérêt à diminuer ce poids que la résistance est plus grande relativement. Les locomotives agricoles, par leur destination, devant affronter des circonstances où cette résistance est une fraction considérable, 1/10, 1/15 même de l'action de la pesanteur sur ces mêmes locomotives, réclament tout spécialement les dispositions les plus propres à les alléger.

Depuis longtemps, je crois que la pratique aurait largement adopté les révolutions rapides de l'arbre à vilbrequin, si elle ne s'était heurtée à une difficulté créée par la force d'inertie qui se développe pendant la production des mouvements alternatifs de certaines pièces. Un piston, avec sa tige, ses glissières et sa bielle, constitue une masse dont le va-et-vient provoque ou tend à provoquer des oscillations fatigantes pour tout l'appareil moteur. Pour éviter une fatigue excessive, tant du générateur que de la machine qui lui est ordinairement accolée, il faut nécessairement limiter la vitesse de la course, et le nombre des courses du piston; c'est pourquoi les locomobiles que nous voyons n'offrent-elles, le plus souvent, que de 120 à 150 révolutions par minute, à leur régime normal.

Cependant, il y aurait peut-être un moyen d'accélérer le mouvement d'une machine, sans provoquer d'ébranlement grave, comme celui que je viens de signaler; ce moyen consisterait à faire usage de deux cylindres façonnés dans le même bloc de métal, et dont les pistons effectueraient leurs courses en sens inverse l'un de l'autre, c'est-à-dire que l'un exécuterait son mouvement de retour pendant l'aller de son voisin. La masse en mouvement alternatif, étant ainsi fractionnée, n'éprouverait pas en réalité de déplacement de son centre de gravité, et par conséquent ne pourrait imprimer d'ébranlement à l'appareil. Je pense donc qu'avec une machine relativement très-petite, mais disposée pour prendre une allure accélérée, avec deux cylindres, on peut obtenir un travail considérable.

Il se pourrait qu'on ne prît ces observations que pour des songes sans fondement, car l'esprit, même chez les hommes supérieurs, est assez réfractaire aux innovations, pour ne les accepter qu'avec une extrême réserve, et quelquefois même pour les rejeter après un examen superficiel. Pour éviter un jugement trop précipité, dans le cas où ces lignes devraient être soumises à des juges, je vais rappeler comme exemple, d'après les *Annales du Génie civil* (avril 1873), quelques données sur un petit moteur construit pour une embarcation de plaisance, la *Miranda*, par M. Thornycroft de Chiswick, et envoyé avec cette embarcation, à l'exposition de Naples.

Ce moteur avait une surface de grille de 0 mètre carré 40, avec une surface de chauffe de 10 mètres carrés 79; il y avait deux petits cylindres de 0^{m} 15 de diamètre; les pistons ayant une course de 0^{m} 20, imprimaient à l'arbre 600 révolutions par minute; le poids de la machine et de la chaudière, y compris l'eau de la chaudière, l'hélice et son arbre, était de 2055 kil.; j'ajouterai enfin que la puissance exercée sur les pistons, en chevaux de 75 kilogrammètres, a été poussée jusqu'à 71 ch. 61.

Je suis le premier à dire que cette production de 71 ch. 61 par un moteur de 2055 kilogrammes n'est qu'un résultat d'exposition; cependant ce fait laisse tellement loin derrière lui les résultats de la pratique actuelle, il rend si évidente la différence entre ce que nous obtenons aujourd'hui dans nos applications, et ce qu'il est possible d'obtenir, que les plus incrédules sont forcés de reconnaître qu'il existe encore dans la voie que j'indique, une marge assez grande pour réaliser un progrès.

VII.

Conclusions. — Après m'être exposé au reproche de présomption, en abordant les questions que je traite dans cet opuscule, j'ai encore la hardiesse de formuler l'opinion que voici :

Il y a lieu d'encourager, non-seulement par des primes honorifiques, mais encore par des subventions, l'étude des locomotives agricoles à traction directe, étude dont j'ai seulement essayé de démontrer l'importance.

Si, en France, on engageait sérieusement les hommes compétents à examiner les questions que je viens d'agiter, le problème relatif aux locomotives agricoles serait bientôt résolu d'une manière assez satisfaisante pour faire sortir l'agriculture de la période d'essais dans laquelle elle se traîne aujourd'hui, quant à l'emploi de la vapeur pour le travail de la terre. Si l'on parvient un jour à un résultat pratique, ce sera principalement par une bonne réglementation de la vitesse de locomotion, et par l'adoption de chaudières à foyers extérieurs.

Ad. VALLET.

www.ingramcontent.com/pod-product-compliance
Lightning Source LLC
LaVergne TN
LVHW021642170726
843501LV00007B/2380

9782329651378